Dr. Setondji Gilles Natachar GLELE

L'essentiel, pour une vie de mariage réussie

Dr. Setondji Gilles Natachar GLELE

L'essentiel, pour une vie de mariage réussie

Éditions Croix du Salut

Imprint
Any brand names and product names mentioned in this book are subject to trademark, brand or patent protection and are trademarks or registered trademarks of their respective holders. The use of brand names, product names, common names, trade names, product descriptions etc. even without a particular marking in this work is in no way to be construed to mean that such names may be regarded as unrestricted in respect of trademark and brand protection legislation and could thus be used by anyone.

Cover image: www.ingimage.com

Publisher:
Éditions Croix du Salut
is a trademark of
Dodo Books Indian Ocean Ltd. and OmniScriptum S.R.L publishing group

120 High Road, East Finchley, London, N2 9ED, United Kingdom
Str. Armeneasca 28/1, office 1, Chisinau MD-2012, Republic of Moldova, Europe
Printed at: see last page
ISBN: 978-620-6-16820-1

PREFACE

Je dédie ce livre à toute personne, quelle que soit sa race ; son sexe ; sa nationalité, ou ses convictions cultuelles et culturelles, nourrissant l'appétit d'élargir sa connaissance sur des sujets relatifs à la vérité biblique et est animée du désir curieux d'expérimenter la véritable liberté par le moyen de la connaissance de la vérité.

Je prie que le Saint-Esprit vous rencontre pendant que vous lisez ce livre.

Qu'il comble votre attente et que vous ne soyez plus jamais la même personne après cette aventure littéraire.

Nous bénissons Dieu qui a souverainement élevé son Fils unique, notre Seigneur et Sauveur personnel, par qui nous recevons la grâce d'avoir part à l'héritage des saints dans la lumière ; l'Esprit de sagesse et de révélation dans sa connaissance par lequel, nous sommes scellés pour le jour de la rédemption.

Nous nous unissons à vous pour une marche objective et fructueuse à la découverte de la compréhension selon le cœur de Dieu sur des sujets relatifs à l'essentiel pour une vie de mariage réussie.

Pendant que j'écrivais ce livre, c'était comme si vous et moi, lors d'une balade, parlions face à face.

Je peux vous assurer que le contenu de ce livre est très efficace et éclaireur, de sorte qu'en le lisant simplement d'un bout à l'autre, le cœur ouvert et sincère, vous serez vraiment délivré de votre ignorance relative au cafouillage qui entoure les multiples interprétations que font objet les saintes écritures de nos jours.

Que vous soyez : Catholiques ; protestants ; pentecôtistes ou ayant tout simplement la Bible en partage ;

Sachez que cet ouvrage vient à point nommé en réponse aux exigences des derniers temps que nous traversons dans la marche annonciatrice de l'œuvre du Seigneur Jésus Christ et de son avènement pour le festin royal des justes.

Nous profitons de l'occasion pour vous informer que les gens sont incontestablement semblables dans le monde. Ils vivent d'une manière ou d'une autre les mêmes réalités. Ils ont autant que vous, besoin de connaître ; de comprendre et recherchent à tort ou à raison la même vérité.

C'est pourquoi, les œuvres de cette édition, paraissent telles, une denrée rare qu'il faudra à tout prix s'en procurer.

SOMMAIRE

Introduction

Nous commençons par rendre grâce à Dieu, le tout puissant, l'ancien des jours, source et Père de toute la création de nous avoir associé de nouveau à son projet de lutte contre l'ignorance au sein de toute la communauté rattachée à son sein et glorieux nom.

Il a ainsi plu à celui qui nous a mis à part depuis les seins de nos mères et réservé pour des jours comme ceux-ci afin de nous utiliser comme des canaux sanctifiés pour annoncer aux hommes de toutes langues les dispositions requises à caractère informationnel, nécessaires pour prévenir les vents susceptibles de faire échouer une aventure relationnelle dans le cadre du mariage humain.

En effet, il urge de souligner qu'il n'y a pas et n'aura jamais de mariage parfait sous le soleil entre un homme et une femme, cependant il reste important de l'apercevoir comme une entreprise dans laquelle se sont engagés les deux partenaires sous le statut juridique de conjoints avec but et objectif principal de tout mettre en œuvre pour sa réussite.

Et si cette question de mariage devrait être considérée comme une entreprise, donc composée de trois éléments fondamentaux à savoir : l'homme ; la femme et ce qui les unit c'est-à-dire le mariage même comme une personne morale, elle doit alors nécessiter des bases ou des fondements pour prévenir d'éventuels vents d'opposition ou des chocs qui pourront à tout moment survenir pour secouer par épreuve de telle entreprise, laquelle peut toutefois prendre l'allure d'une édifice.

C'est pourquoi, dans la suite de cette étude, nous prendrons le soin de dégager des saintes écritures tout ce qui paraît important de connaître et qui entre en ligne de mire dans le cadre d'un projet de mariage destiné à la réussite selon qu'il est écrit : (la fin de toute chose vaut mieux que son commencement).

Cette étude tient en même tant lieu de réponse à tous les différents points d'ombre qui laissent perplexe la sagesse des humains à en découdre avec ce serpent de mer qui ne reconnaît ni race, ni culture simplement à cause du manque de connaissance des humains, lesquels seront vraiment fiers et heureux des riches informations que leur fournira cet ouvrage.

Chapitre : 1

Généralité sur le mariage

Nous devons reconnaître que le sujet du mariage, si compliqué et si complexe qu'il paraît, reste toutefois disponible presque sur toutes les lèvres et pouvait unir toutes les générations sans distinction d'âge et de sexe.

Il s'identifie bien au mystère du chiffre deux sur lequel repose tout l'univers et qui donne de citer en référence ces quelques exemples : L'univers visible et invisible ; le ciel et la terre ; le soleil et la lune ; la vie et la mort ; la naissance et le décès ; le chaud et le froid la lumière et les ténèbres ; les semaille et la moisson ; la connaissance et l'ignorance pour ne citer que ceux-là...

Et comme l'humanité toute entière s'ouvre en général sur deux grandes cultures, lesquelles débouchent sur les deux grands mondes à savoir : le monde de la conservation et celui de la liberté, le mariage aussi présentera des réalités propres à chacun de ces deux mondes en sorte qu'on notera des approches culturelles spécifiques aux différents peuples.

Le mariage va ainsi couvrir les trois grandes dimensions de la vie humaine en sorte qu'on notera ce qui suit :

Le mariage coutumier ; le mariage religieux et le mariage civil ou administratif et la négligence d'un aspect des trois sus-mentionnés devient aussitôt source d'endicape pour le succès du processus.

Le mariage coutumier sera celui qui impliquera le mieux les conseils de famille et se réfère plus à la tradition.

Le mariage religieux est celui qui appelle à la considération et l'implication des dépositaires de la sagesse des dieux, c'est-à-dire des prêtres dans le but de prononcer des diverses bénédictions sur de telle union.

Le mariage civil ou administratif est celui impliquant la sagesse juridique et légale en prévention des différents qui pourraient à tout moment surgir et mettre en mal l'intérêt de l'union.

Cas du monde de la conservation.

On notera dans le monde de la conservation que le mariage est une réalité traditionnelle par laquelle la conjointe ou le partenaire de sexe féminin n'a ni le droit ni le pouvoir de choisir son conjoint ou son partenaire de sexe masculin.

Elle sera alors soumise à priori à la volonté de ses géniteurs ou de ses tuteurs, lesquels à la demande de la famille du prétendu conjoint et en considération des pouvoirs financiers et matériels dont dispose ce dernier, n'aura autre choix que de s'y rabattre conformément à la volonté des siens.

Ce mode de fonctionnement donne à considérer le mariage dans le monde de la conservation comme une démarche par laquelle un conjoint décide de s'offrir une conjointe ou partenaire par acquisition et par conséquent celle-ci devient sa propriété personnelle et un bien acquis.

La conjointe dans ce cas d'espèce ne devra être considérée comme élément contributeur et fondamental pour la conduite et la réussite d'une quelconque entreprise de mariage car ses opinions ne seront pas aussi importantes pour être prises en compte, voir même sollicitées.

Le conjoint, dans le monde de la conservation, s'arroge tous les droits sur la gestion du couple et pouvait à tout moment se passer de sa conjointe au profit d'une autre, sans s'inquiéter de quoique ce soit.

Il pouvait aussi se permettre de les multiplier en s'offrant de nouvelles conjointes autant qu'il veut et malheureusement autant qu'il peut.

La conjointe étant aussi éduquée dans cette idéologie, en souffre moralement moins, quoique méprisée dans sa dignité naturelle.

Elle découvre en conséquence son bonheur à offrir son corps et son âme pour servir son conjoint et les fruits de ses entrailles, allongés à sa belle-famille.

Le monde de la conservation ne facilite pas la répudiation mais par contre encourage la polygamie, ce qui sert de prétexte aux conjoints pour s'offrir autant de conjointes qu'ils veulent.

Cas du monde de la liberté.

Pour ce qui concerne le monde de la liberté, il faut considérer le mariage comme un engagement volontaire et manifeste de deux conjoints de sexe opposé dans le but d'asseoir et de conduire un projet de mariage par une démarche de complémentarité et d'objectivité.

Dans ce cas, les deux conjoints, dans le respect mutuel deviennent des partenaires qualifiés pour contribuer d'une manière ou d'une autre à l'atteinte des objectifs fixés de commun accord.

Ils seront alors appelés à se donner les mains dans la perspective de résister aux éventuels chocs et de réussir à surmonter les différents obstacles qui se dresseront sur leur chemin.

Ils passeront par les voies coutumières et administratives pour rendre officiel leur projet de mariage et ceci dans une démarche qui implique les témoins de tous ordres.

Dans le monde de la liberté, le mariage civil ou administratif est le plus considéré parce qu'il implique l'état qui devient au nom des lois de la république directeur administratif et organisationnel dudit projet de mariage et s'impose aux mariages coutumier et religieux.

Les deux conjoints par respect mutuel sont appelés à se référer en cas de conflit d'intérêt aux textes régissant leur union laquelle est considérée comme un projet d'entreprise.

Mais en considération de l'évolution de la culture humaine, les humains ont souvent tendance à signifier et à montrer que le mariage provenait de leur propre sagesse et se retrouvent malheureusement confronter à la décadence qui ne cesse de faire surface et à plusieurs reprises dans de telle aventure.

C'est pourquoi, la suite de notre étude nous imposera à nous référer à titre consultatif au créateur de toute l'humanité afin de répondre en quelques mots aux exigences de la vie du mariage dont il reste le seul et unique auteur.

Ainsi se présente alors ce qui convient de retenir sur la generalité du mariage dans la vie humaine.

Chapitre : 2

Le mariage selon le cœur et la pensée de Dieu.

(1ere Partie)

Lorsque nous remontons à la genèse de l'histoire de l'humanité, nous découvrons la personnalité immatérielle et souveraine de Dieu, créateur de toute chose et de tout le monde, tant le monde spirituel ou invisible que celui physique ou visible.

Dieu alors, dans toute sa souveraineté va entreprendre de s'offrir un monde visible lequel sera investi de plusieurs et différentes œuvres de ses mains.

Ayant un tel projet à cœur, il va décider de s'offrir une créature à la différence de tout ce qu'il a créé bénéficiant de son image et de sa ressemblance et sera nommée homme avec attribut de directeur administratif et intendant de tout le patrimoine sur lequel il sera établi.

Genèse : 1 V 26-27 : *Puis Dieu dit : Faisons l'homme à notre image, et selon notre ressemblance, et qu'il domine sur les poissons de la mer, sur les oiseaux du ciel, sur le bétail, sur toute la terre, et sur tous les reptiles qui rampent sur la terre.*

Dieu créa l'homme à son image, il le créa à l'image de Dieu, il créa l'homme et la femme.

Ainsi, se présente au moyen de ces versets ci-dessus la toute première fois que l'esprit du mariage a fait surface dans les sujets relatifs à l'existence de l'humanité et ce sera entre Dieu et l'homme.

Et comme il convient de le rappeler, les deux premiers chapitres du livre de genèse traitent de la phase de la création et de la formation de toute la création et en occurrence, l'être humain.

On notera au premier chapitre, la création dans la dimension invisible, un peu comme dans la pensée ou la conception ou encore l'imagination.

Et au second chapitre, tout ce qui avait été créé et était gardé dans le monde invisible ou spirituel c'est-à-dire à l'intérieur de Dieu lui-même, va connaître une nouvelle dimension dans son projet et ce sera la phase de la formation, qui va consister à leur donner une forme physique pour l'existence du monde visible.

Le projet du mariage entre Dieu et l'homme, à l'image d'une entreprise est appelé à générer des retombés, ce qui sera traduit par le contenu du verset ci-dessous.

Genèse : 1 V 28 : *Dieu les bénit, et Dieu leur dit : Soyez féconds, multipliez, remplissez la terre, et l'assujettissez ; et dominez sur les poissons de la mer, sur les oiseaux du ciel, et sur tout animal qui se meut sur la terre.*

A travers ce verset ci-dessus, nous découvrons que l'un des principaux buts du mariage de Dieu avec l'homme est de pouvoir réaliser son rêve de voir les humains se multiplier et couvrir toute la surface de la terre et va en conséquence poser un acte en réponse à son objectif.

Mais en attendant de continuer le développement de notre sujet, procédons à l'étude des versets suivants :

Etude des versets ci-dessous.

Genèse : 1 V 26-27 : *Puis Dieu dit : Faisons l'homme à notre image, et selon notre ressemblance, et qu'il domine sur les poissons de la mer, sur les oiseaux du ciel, sur le bétail, sur toute la terre, et sur tous les reptiles qui rampent sur la terre.*

Dieu créa l'homme à son image, il le créa à l'image de Dieu, il créa l'homme et la femme.

Nous commençons par noter que la partie A de ces versets nous présente l'homme comme le seul être humain qui va bénéficier de l'image et de la ressemblance de Dieu son créateur, accompagné de tous les attributs relevant de la gestion et de la direction du patrimoine mis à sa charge.

La partie B confirmera cette vérité et mentionnera la création de la femme qui par la suite lui sera ajouté comme complément objectif.

Celle-ci n'a donc pas été créée comme l'homme à l'image et à la ressemblance de Dieu et n'avait non plus reçu un quelconque mandat relatif à la gestion du patrimoine terrestre de Dieu son créateur.

Etant encore à la phase de la création à ce niveau des versets, c'est-à-dire la phase de l'invisible, les mots homme et femme dans ce contexte exacte symbolisent respectivement l'esprit et l'âme de l'être humain sans corps physique et sont tous des entités spirituelles.

L'esprit représente donc l'homme, tandis que la femme représente l'âme et ceci en vue de leur mission relative à la multiplication et le peuplement de la terre.

Mais puisque les mondes spirituel et physique sont différents et séparés par des principes, de sorte que le principe de 1+1=1 dans le monde spirituel ne sera pas approuvé dans celui physique et ce sera 1+1=2.

L'homme étant représenté par l'esprit et le seul ayant bénéficié de l'image et de la ressemblance de Dieu le créateur, aura besoin de faire à nouveau la même expérience, désormais disposant d'un corps physique dans le jardin d'Eden comme ce fut à la création en confirmation de sa relation personnelle à titre de mariage avec Dieu.

Genèses : 2 V 15-17 : *L'Eternel Dieu prit l'homme, et le plaça dans le jardin d'Eden pour le cultiver et pour le garder.*

L'Eternel Dieu donna cet ordre à l'homme : Tu pourras manger de tous les arbres du jardin ;

Mais tu ne mangeras pas de l'arbre de la connaissance du bien et mal, car le jour où tu en mangeras, tu mourras.

Dieu ayant entamé une nouvelle phase de son projet relatif au monde visible, auquel il a associé l'homme, va placer celui-ci dans un jardin qualifié d'Eden comme un conjoint va chercher sa conjointe et la placer en un lieu sûr afin de la préparer pour l'aventure humaine la plus longue au monde.

Il prendra le soin de le faire entourer à l'intérieur du jardin, presque de tout le confort nécessaire dû à son rang et lui administrera aussi des rudiments et prétextes entrant dans le cadre d'une vie de mariage réussi.

Genèse : 2 V 8-14 : *Puis l'Eternel Dieu planta un jardin en Eden, du côté de l'orient, et il y mit l'homme qu'il avait formé.*

L'Eternel Dieu fit pousser du sol des arbres de toute espèce, agréables à voir et bons à manger, et il l'arbre de la connaissance du bien et du mal.

Un fleuve sortait d'Eden pour arroser le jardin, et de là il se divisait en quatre bras.

Le nom du premier est Pischon ; c'est celui qui entoure tout le pays de Havila, où se trouve l'or.

L'or de ce pays est pur ; on y trouve aussi le bdellium et la pierre d'onyx.

Le nom du second fleuve est Guihon ; c'est celui qui entoure tout le pays de Cusch.

Le nom du troisième est Hiddékel ; c'est lui qui coule à l'orient de l'Assyrie.

Le quatrième fleuve, c'est l'Euphrate.

Ainsi, l'Eternel serait en train de courtiser l'homme dans l'objectif de créer un climat de confiance nécessaire pour garantir la réussite de son projet de mariage avec ce dernier puisque c'est dans son esprit que résident la ressemblance et l'image de Dieu.

Mais puisque le monde des esprits diffère de celui de la matière en sorte que là où un esprit est capable de se multiplier sur lui-même tout seul, la matière a nécessairement besoin de l'addition pour augmenter en nombre.

Dieu serait obligé de penser à l'existence des sexes pour séparer le corps contrôlé par l'esprit de celui contrôler par l'âme.

Ainsi, l'homme sera plus sous l'influence de son esprit, lequel d'ailleurs ressemblait à Dieu et partageait son image, tandis que la femme sera par contre plus influencée par son âme parce que son esprit étant neutre, et n'était directement créé à l'image et à la ressemblance de Dieu.

Elle profitera néanmoins de cette valeur au travers de l'homme de qui elle sera plus tard tirée pour accéder à l'existence autrement, elle serait exactement semblable aux animaux qui ne sont contrôlés que par leurs âmes.

L'Eternel Dieu, soucieux de préserver l'être humain de l'égarement de son plan d'action, prendra le soin de former en premier lieu, l'homme seul pour le faire accéder au monde visible, surtout que ce dernier est dépositaire de son image et de sa ressemblance, lesquelles en réalité faisaient de lui un dieu sur la terre.

Genèse : 2 V 7 : *L'Eternel Dieu forma l'homme de la poussière de la terre, il souffla dans ses narines un souffle de vie et l'homme devint un être vivant.*

L'Eternel Dieu, après avoir formé l'homme va le placer dans un jardin de délice en Eden, et prendra le soin de le préparer et de l'éduquer sur des choses qu'il devrait connaître de lui afin de bien le représenter en tant que esprit aux cotés de l'âme dans la figure de la femme en vue de leur union pour le projet du mariage et de l'aventure relationnelle entre les deux sujets en qualité de conjoint.

Genèse : 2 V 15 : *L'Eternel Dieu prit l'homme, et le plaça dans le jardin d'Eden pour le cultiver et pour le garder.*

C'est le lieu de rappeler à nos aimables lecteurs qu'ils auront vraiment de la peine à accéder aux profondes et riches révélations que regorgent nos différentes œuvres s'ils n'ont pas encore la connaissance de l'Evangile, lequel reste la connaissance de base de toute véritable relation avec Dieu, car c'est sa compréhension et son acceptation qui donne le Saint-Esprit, source et l'essence de la vérité de Dieu.

En effet, le verset ci-dessus, contrairement à l'interprétation dont il a toujours fait objet de la part de la majorité des croyants en général et les différents serviteurs et ministres de Dieu en particulier, correspond à la vérité, à ce qui suit :

<< L'Eternel Dieu prit l'homme, et le plaça dans le jardin d'Eden pour l'éduquer ; pour l'enseigner afin qu'il soit en mesure d'être un véritable intendant et représentant >>.

Ainsi, l'Eternel Dieu n'a jamais placé l'homme dans le jardin pour que ce dernier le cultive comme un homme pouvait travailler ou cultiver un champ et le garder, mais c'est l'homme qui venait d'être formé à l'image d'un enfant qui venait de naître, qui avait besoin de recevoir une éducation appropriée dans le cadre de sa croissance civile, afin de mieux représenter plus tard dans la société ses géniteurs ou ses parents.

Les mots cultiver et garder dans ce contexte précis représentent respectivement éduquer et rester à l'image ou au model de ses parents ; éducateurs ou formateurs, pour la suite de sa vie dans la société.

Ainsi, dans ce jardin à l'image d'une école d'éducation et de formation dont l'objectif est principalement orienté vers la relation conjugale ou le mariage, où l'homme se retrouvait seul sans compagne indispensable pour mettre en expérience tout ce qu'il avait reçu durant sa formation, Dieu va faire constater ce vide autour de lui et manifester le devoir de le combler.

Genèse : 2 V 18 : *L'Eternel Dieu dit : Il n'est pas bon que l'homme soit seul ; je lui ferai une aide semblable à lui.*

L'Eternel Dieu est désormais à l'intérieur de l'homme par le biais de l'esprit de ce dernier, lequel partageait la ressemblance et l'image de son créateur et est suffisamment formé ; éduqué et s'apprête à officialiser son union et son mariage avec l'âme représentée par la femme.

Et pour cause, il va éprouver son attitude à l'égard des animaux, lesquels partageaient presque la même nature que la femme à la différence du corps, mais plutôt l'âme et qu'il a en vue de placer aux cotés de l'homme.

Genèse : 2 V 19-20 : *L'Eternel Dieu forma de la terre tous les animaux des champs et tous les oiseaux du ciel, et il les fit venir vers l'homme, pour voir comment il les appellerait, et afin que tout être vivant portât le nom que lui donnerait l'homme.*

Et l'homme donna des noms à tout le bétail, aux oiseaux du ciel et à tous les animaux des champs ; mais, pour l'homme, il ne trouva point d'aide semblable à lui.

L'Eternel Dieu sera satisfait de la réussite de l'homme au premier texte, et décidera de le récompenser en lui disposant d'une aide semblable à lui et non aux animaux, c'est-à-dire qui sera aussi composée d'un esprit ; d'une âme et d'un corps, mais sera surpris de l'attitude de ce dernier à la découverte de cette aide.

Il ne procèdera pas de la manière dont il s'était servi pour former l'homme, mais adoptera une méthode qui impliquera directement la vie de l'homme en vue des enjeux du mariage dont la responsabilité va plus incomber à l'homme qu'à la femme.

Genèse : 2 V 21-22 : *Alors l'Eternel Dieu fit tomber un profond sommeil sur l'homme, qui s'endormit ; il prit une de ses côtes, et referma la chair à sa place.*

L'Eternel Dieu forma une femme de la côte qu'il avait prise de l'homme, et il l'amena vers l'homme.

L'homme ainsi créé, formé et placé par Dieu, son créateur à l'intérieur du jardin sera objectivement séparé en deux de manière à avoir son âme reproduite dans un corps semblable au sein appelé femme en réponse aux principes de base terrestre et conformément à la loi de la procréation, et ce sera ainsi la fin de la première partie du mariage selon le cœur et la pensée de Dieu.

Chapitre : 3

Le Mariage selon le cœur et la pensée de Dieu.

(2eme Partie)

Genèse : 2 V 21-22 : *Alors l'Eternel Dieu fit tomber un profond sommeil sur l'homme, qui s'endormit ; il prit une de ses côtes, et referma la chair à sa place.*

L'Eternel Dieu forma une femme de la côte qu'il avait prise de l'homme, et il l'amena vers l'homme.

Il sera constaté dans le verset ci-dessus que l'Eternel Dieu fera tomber un profond sommeil sur l'homme pour l'endormir et opèrera dans le domaine de la chair de ce dernier pour amener la femme à existence.

Il convient de rappeler que la chair est différente du corps et correspond au domaine de l'âme, c'est-à-dire le domaine spirituel de l'être humain qui ne se soumet pas à Dieu et s'oppose continuellement à sa volonté.

L'Eternel Dieu conduira la femme vers l'homme qui se réveillait de son profond sommeil pour l'éprouver à nouveau et sera étonné et presque surpris cette fois-ci de la réaction de ce dernier.

Genèse : 2 V 23 : *Et l'homme dit : Voici cette fois celle qui est os de mes os et chair de ma chair ! On l'appellera femme, parce qu'elle a été prise de l'homme.*

En attendant de revenir sur ce verset, retournons à l'attitude de l'homme lorsqu'il s'agissait d'attribuer un nom à chacun des animaux des champs et les oiseaux du ciel qui étaient conduits vers lui.

Il sera constaté que l'homme était soumis à une épreuve venant de Dieu pour l'évaluer et s'assurer qu'il pouvait continuer la course en qualité de gestionnaire et intendant de Dieu sur tout ce qui sera placé sous sa garde, y compris aussi la femme parce que le mariage, c'est aussi la gestion, d'ailleurs, la plus importante et la plus complexe à laquelle tout homme normalement et naturellement est appelé à faire face durant son séjour terrestre.

L'homme va réussir à cet examen qui était le premier de sa sortie d'école de formation et nous pouvons comprendre en considération du verset ci-dessus que ce succès tire sa source des informations et connaissances par lesquelles son esprit avait été équipées et qui traduisent la personnalité de son Dieu son créateur.

Ainsi, pour gérer le cas des animaux et des oiseaux, il avait fait recours à son potentiel spirituel et c'est bien ce qui a valu sa réussite face cette épreuve.

Par contre, dans le cas de la femme à qui il devrait aussi attribuer un nom par lequel elle devrait être désormais appelée, il fera référence au domaine de son âme, réputé comme le plus agité dans la vie de l'être humain et sera la cause de son échec à ce second examen.

Un échec qui va provoquer une sentence prophétique de source divine laquelle sera directement liée au mariage entre les humains et sera la cause de la décadence et des conflits à répétition au sein des relations conjugales du mariage de génération après génération.

Genèse : 2 V 24 : *C'est pourquoi l'homme quittera son père et sa mère, et s'attachera à sa femme, et ils deviendront une seule chair.*

Ce verset qui a tout le temps fait objet de recommandation divine selon les interprétations des croyants à la limite intellectuelle et sans aucuns appuis spirituels est bel et bien une prophétie qui continue de suivre toute union de mariage comme une tache indélébile noire dans un voile blanc occasionnant un conflit de domination de l'un sur l'autre.

Et cette prophétie est conséquence de la colère de Dieu, et peut être aussi considérée comme une parole de mécontentement et de malédiction sur la dimension charnelle du mariage au milieu des humains.

L'effet de la conséquence de cette prophétie est que l'homme ira contre le plan de Dieu, lequel consiste à ce que lui qui détenait presque tout de Dieu son créateur en matière de capacité requise pour garder de la hauteur en face de quiconque et résister à toute influence extérieure et étrangère au moyen des vertus spirituelles par lesquelles il était équipées depuis sa création suivi de son séjour d'éducation à l'intérieur du jardin d'Eden.

Il devrait servi de locomotive ou la tête du corps de son union avec la femme dans le cadre des choix à opérer et des décisions à prendre afin de prévenir toute influence extérieure susceptible de mettre à mal et en difficulté leur entreprise commune de mariage.

Mais les instants qui avaient précédé cette prophétie de Dieu sur l'homme et non la femme encore moins le couple, ce dernier va aborder l'épreuve de nomination de la femme par le domaine de son âme et ne s'appuiera pas sur son esprit comme ce fut le cas au-devant des animaux.

Dieu l'ayant observé et pris en considération sa réaction à la vue de la femme, va prononcer sur son avenir en compagnie de cette dernière et les conséquences sur sa propre relation avec lui. Il dira :

Genèse : 2 V 24 : *C'est pourquoi l'homme quittera son père et sa mère, et s'attachera à sa femme, et ils deviendront une seule chair.*

Genèse : 2 V 24, version révélée.

Domaine de l'esprit : *C'est pourquoi l'esprit humain abandonnera l'Esprit de Dieu par lequel il est lié ; que traduit la connaissance de la loi de Dieu ; qui communique sur la personnalité de Dieu et s'attachera à son âme pour tomber dans un nouveau mariage sous le contrôle du péché.*

Domaine de la chair : *C'est pourquoi l'homme quittera Dieu son créateur et son formateur ; et s'attachera à sa femme pour une aventure purement charnelle.*

Il n'y avait à cette époque qu'Adam et Eve seuls, Adam était le seul homme qui n'avait pas connu une naissance biologique pour posséder un père et une mère.

Mais tout ce qui se passait, relevant du domaine de l'esprit, donnait à Adam de considérer Dieu à la fois comme son Père et sa Mère de qui d'ailleurs il tirait son image et sa ressemblance.

Par cette prophétie, l'Eternel Dieu annonçait officiellement le mariage entre un homme et une femme au milieu des humains, lequel qui est voué à l'échec parce que fondé sur la chair, à moins qu'ils ne se repentent et ne se retournent dans le domaine de l'esprit.

Le divorce entre Dieu et l'homme étant consommé, ouvrira la porte aux mauvais esprits dont le diable en premier qui se précipiteront pour nouer de nouvelle liaison de mariage avec les humains.

Cela devient encore plus évident lorsqu'on considère que dans le corps de chaque être humain se trouvent une âme et un esprit, lequel ayant perdu sa relation avec Dieu son créateur n'a plus la capacité de contrôler son âme, mais subit les désidératas de cette dernière.

L'esprit humain à qui il était donné de conduire l'âme a perdu ce pouvoir et est désormais à la traine derrière celle-ci.

L'âme de chaque individu était poussée vers l'extérieur à cause des désirs insatiables dont elle se nourrissait sous l'impulsion et l'influence du péché.

Adam, pour avoir manqué d'aborder le mariage par la dimension spirituelle, a échoué tout simplement parce qu'au lieu de l'intérieur, il a considéré l'extérieur.

C'est pourquoi le mariage ne devrait pas faire objet de bon habillement ; des maquillages et tout ce qui pouvait contribuer à modifier et traiter l'apparence, quoique bons et utiles pour ne pas être négligés.

L'âme en la personne de la femme est l'être humain ou le sujet le plus agitée dans le domaine du mariage parce que son esprit est neutre et n'est directement lié à Dieu, mais plutôt à l'homme de qui elle a été tirée et sera qualifiée plus tard comme l'être de sexe faible comparativement à l'homme.

1 Pierre : 3 V 7 : *Maris, montrez à votre tour de la sagesse dans vos rapports avec vos femmes, comme avec un sexe plus faible ; honorez-les, comme devant aussi hériter avec vous de la grâce de la vie.*

Qu'il en soit ainsi, afin que rien ne vienne faire obstacle à vos prières.

Il est vrai qu'il y a des choses parfois vraiment difficiles à expliquer à cause du niveau de la grande majorité des croyants.

En effet, l'apôtre à travers ce verset présentait la femme comme un être humain qui en réalité n'est pas concernée par l'héritage du salut. Et comme nous l'avions commencé par le démontrer à travers les quelques lignes des précédentes pages de notre livre, la femme devrait être considérée comme l'âme qui est libre et n'avait absolument aucune obligation légale envers Dieu son créateur, mais plutôt l'esprit qui a été créé à l'image et la ressemblance de Dieu et qui sert de lien de contact avec les deux parties.

La partie de l'être humain qui s'était divorcé avec Dieu est bel et bien son esprit et au lieu de conduire l'âme selon la responsabilité qui lui était incombée, il est victime de sa légèreté avec elle et a perdu la position de la tête pour celle de la queue.

Et l'Evangile parlera de la mort spirituel de l'homme ou de la déconnexion de ce dernier d'avec Dieu son créateur.

L'homme avait ainsi brisé son mariage avec Dieu que profit de son âme pour devenir un être purement charnel caractérisé par la faiblesse et l'irresponsabilité, ce sera un peu plus tard la première expérience de divorce de l'homme.

Voilà pourquoi les saintes écritures parleront plus tard du salut de l'âme qui va consister à ramener la femme dans la figure de l'âme à la soumission et à l'obéissance à son esprit en lequel réside tout ce qu'il faut pour se conformer à Dieu et retrouver enfin la paix par le moyen de la réconciliation avec son créateur.

2 Corinthiens : 10 V 5 : *Nous renversons les raisonnements et toute hauteur qui s'élève contre la connaissance de Dieu, et nous amenons toute pensée captive à l'obéissance de Christ.*

L'esprit humain ne pouvant jamais s'élever contre Dieu, mais plutôt son âme en qui résident la volonté ; les sentiments ; les émotions et des choses similaires, et toujours sous l'impulsion de la séduction du diable.

On ne finira pas ce chapitre du mariage selon le cœur et la pensée de Dieu sans démontrer les deux raisons fondamentales pour lesquelles Dieu va impliquer la femme dans la vie de l'homme pour ce qui concerne le salut de l'âme humaine.

Raison n* 1

Dieu va créer la femme et la placer aux cotés de l'homme pour répondre à son projet de couvrir par le moyen de la procréation humaine, toute la surface de la terre en vue d'un peuple d'adorateur propre à lui.

Nous prenons pour preuve les versets suivants pour confirmer l'argumentation.

Références bibliques : Genèses : 38 V 8-10 : Alors Juda dit à Onan : Va vers la femme de ton frère, prend-la, comme beau-frère, et suscite une postérité à ton frère.

Onan, sachant que cette postérité ne serait pas à lui, se souillait à terre lorsqu'il allait vers la femme de son frère, afin de ne pas donner de postérité à son frère.

Ce qu'il faisait, déplut à l'Eternel qui le fit mourir.

Raison n* 2

Dieu va créer la femme, la placer aux cotés de l'homme afin d'apprendre à ce dernier, le fonctionnement ou la réalité relative à l'âme.

Ainsi, la même appréciation que l'homme pouvait faire de la femme correspondrait à la réalité de l'âme envers l'esprit à l'intérieur du corps humain.

Et tel que l'homme ou le conjoint se bat pour pouvoir garder le contrôle sur sa femme pour l'équilibre du foyer, il en est de même pour l'esprit humain avec l'aide du Saint-Esprit pour contrôler sa propre âme afin de se préserver de la mort.

Et c'est l'analogie que les apôtres, en occurrence, Paul faisaient dans les différents chapitres où ils traitaient les sujets de mariage dans des démarches beaucoup plus sélectives.

On notera ce qui suit :

Références bibliques : *Ephésiens : 5 V 31 : C'est pourquoi l'homme quittera son père et sa mère, et s'attachera à sa femme, et les deux deviendront une seule chair.*

Ce mystère est grand ; je dis cela par rapport à Christ et à l'Eglise.

Du reste que chacun de vous aime sa femme comme lui-même, et que la femme respecte son mari.

Il sera constaté que l'apôtre finissait son message dans ces versets ci-dessus par une attitude oratoire à souffle d'argumentations. C'est à croire qu'il était en train de démontrer le lien comparatif entre deux réalités qui peinent à s'accorder.

Et ce serait la même chose lorsqu'il soutenait l'argumentation selon laquelle, il serait malséant de permettre à la femme de prendre la parole au sein de la communauté jusqu'à prétendre même enseigner.

Autrement, il lui sera imposé de se soumettre à son mari et de ne dépendre entièrement que de ce dernier pour ce qui concerne la prise d'une quelconque décision impliquant la vie d'ensemble.

En vérité, il illustrait la personne de l'âme à travers la femme, dont la première réaction en la personne d'Eve avait malheureusement détourné de Dieu leur créateur toute la famille, et la suite, c'est la mort c'est-à-dire le divorce d'avec ce dernier.

Chapitre : 4

La complexité du Mariage.

La dimension complexe du mariage est l'une des plus importantes connaissances qui s'imposent à tout être humain aspirant au mariage ou non, parce qu'elle traite la vie relationnelle de chaque individu de manière à opérer une sorte de réconciliation entre son esprit et son âme, lesquels sont confrontés à un conflit inédit depuis le sein maternel.

Puisque les humains ont souvent considéré le mariage uniquement comme l'union cérémoniale entre un homme et une femme, nous prendrons le soin d'aborder notre chapitre à partir de cet angle de connaissance.

Il est vrai que ce mot retrouve son plein sens très souvent lorsqu'il s'agit de convoler un homme et une femme pour les vœux d'une aventure à destin commun.

Cependant, l'expérience a démontré qu'à peine les conjoints se mettent ensemble que commencent déjà des disputes et parfois même des bagarres, lesquelles se présentent comme des conflits sans antécédents.

L'un n'arrête cependant d'accuser l'autre, et vice versa, et après des consultations individuelles en quête de solution, il est généralement découvert que les causes de ces différents ne se reposent sur absolument rien de concret, mais les dégâts sont déjà là, suivis des témoignages des voisinages.

Une fois le calme retrouvé, et tentant de redémarrer sur de nouvelle base, que les mêmes scenarios recommencent où parfois les conseils de l'extérieur sont de nouveau sollicités.

Généralement, chacune des deux parties se reconnaissant toujours ayant encore des sentiments très forts l'une pour l'autre, cependant n'arrivant toujours pas à se contenir pour s'offrir en sacrifice dans le but et l'objectif d'éviter d'assister à l'écroulement d'un projet aussi prometteur et encourageant.

Ces derniers se retrouvent parfois dans la cour des conseils de familles, d'autres avec des responsables religieux et au pire des cas devant les tribunaux ou les juges s'engagent dans les démarchent à entreprendre et des méthodes à adopter pour ramener les protagonistes dans le bon sens et éviter d'éprouver le pire.

Chacun des protagonistes continue jusqu'à ces étapes de la crise de nourrir dans son cœur de très bonnes dispositions l'un envers l'autre, mais manque terriblement la force et la capacité de renverser la tendance.

Et ces situations sont récurrentes et pouvaient être rencontrées un peu partout sur la terre, et en occurrence dans le monde de la liberté.

Sous certains cieux c'est devenu monnaie courante, en sorte qu'il existe moins d'encadrement pour tenter une quelconque accalmie ou réconciliation entre les deux parties.

Le divorce et la célébration du mariage se rivalisent désormais en thème de chiffre, en sorte que certains niveaux de sagesse de la société commencent par voir le mariage destiné aux gens du troisième âge, lesquels n'ont absolument plus rien à démontrer parce qu'étant au soir de leur vie.

Ceux qui jugent toujours utile et important la place du mariage au sein de la société, s'appuient sur des recommandations divines afin d'éviter de pécher contre la loi de Dieu.

Mathieu : 19 V 6 : *Ainsi ils ne sont plus deux, mais ils sont une seule chair. Que l'homme donc ne sépare pas ce que Dieu a joint.*

Dans ce verset ci-dessus, le seigneur Jésus prônant la paix au milieu des humains qu'il était venu sauver et réconcilier avec son Père va faire constater que les deux conjoints sont unis par leurs âmes, lesquelles sont aussi le centre d'animation de l'amour dans la vie humaine et ne devraient laisser aucune place au vent de séparation.

Il faut aussi souligner qu'il est venu entre autre pour redonner de la valeur et tout le sens à la paix et à l'amour dont les humains avaient perdu tout le sens par la connaissance du péché et la déconnexion d'avec Dieu qui est dépositaire de l'amour véritable et sincère.

Il faut noter dans ce cas que le mariage devra faire objet d'une expérience personnelle avant d'aller à la dimension collective.

Chaque être humain pour cause du péché s'était retrouvé en divorce sur lui-même, c'est-à-dire victime de la déprogrammation fonctionnelle de l'ordre divin selon lequel l'âme devrait être soumise et conduite par son esprit.

Ce mode de vie par lequel l'esprit humain va perdre la tête et la direction des choses au profit de son âme sera qualifié de la vie charnelle et ne trouvera son plaisir dans son éloignement de son créateur chaque jour qui lui est offert.

La réconciliation de chaque individu s'avère alors indispensable pour qu'il retrouve normalement le plein sens fonctionnel selon l'ordre de son créateur, ce qui ne sera possible que par sa réconciliation avec Dieu son créateur.

Cela devient encore plus évident lorsqu'on se souvient que Dieu le créateur ne communique avec l'être humain qu'au moyen de son esprit.

Alors si l'homme devra prendre à nouveau conscience de sa mission sur la terre, une mission dans laquelle son Dieu est explicitement impliqué, et qui ne saurait connaître une quelconque réussite sans la bénédiction de ce dernier, il reste obligatoire que le système fonctionnel humain soit remis en ordre de manière à ce que l'esprit puisse reprendre sur l'âme sa position de tête et de chef.

Les deux conjoints ayant réussi ce retour à l'ordre divin, se retrouvent désormais spirituellement qualifiés pour entreprendre un véritable projet de mariage à la dimension mondaine et auront plus de chances pour parvenir à un résultat excellent au soir de leur vie conjugale.

Il faut rappeler que cette réconciliation sur soi-même se fait généralement remarquer par le ressentiment d'un besoin qui commence par se manifester dans la vie de tout individu à partir d'un certain âge de l'adolescence à la jeunesse et que l'on n'arrive jamais à satisfaire quel que soit les divers moyens solliciter pour répondre à cela.

Beaucoup de fois, les gens l'insinuent à un besoin financier ou sexuel ; d'autres par contre l'identifient dans des stupéfiants ou des boissons de divers ordres ; d'autres encore s'accrochent à de diverses distractions ou le travail acharné sans pour autant trouver de satisfaction.

Ce besoin, loin d'un désir comme beaucoup le pense, est un véritable casse-tête pour les humains en général et les femmes en particulier.

Il provoque le divorce ; conduit les hommes à la polygamie et encore d'autre un manque incompris et inexpliqué et livre parfois certaines personnes au divers vice.

En réalité, c'est un besoin qui n'est pas limité à un âge spécifique, encore moins à un sexe particulier, mais qui reste un mal dont le diagnostic ne saurait relever de la compétence médico-humaine.

Pour y remédier, certains voulant se retourner à Dieu, se retrouvent dans les mailles de la religion et s'enlisent davantage dans leur ignorance.

Le monde dans ses folles recherches et en lieu et place du secours de Dieu, tombe malheureusement aux mains des forces des ténèbres et bienvenues les diverses alliances démoniaques.

Les humains ont commencé par solliciter l'aide des pouvoirs occultes pour pouvoir maintenir un temps-soi peu le couple et tout le foyer dans la stabilité.

Le mal est que ce couple ou ce foyer devient par alliance propriété privée et esclave des démons et par ricochet leur prêtre occulte.

Actes : 17 V 26-28 *: Il a fait que tous les hommes, sortis d'un seul sang, habitassent sur toute la surface de la terre, ayant déterminé la durée des temps et les bornes de leur demeure ;*

Il a voulu qu'ils cherchassent le seigneur, et qu'ils s'efforçassent de le trouver en tâtonnant, bien qu'il ne soit pas loin de chacun de nous,

Car en lui nous avons la vie, le mouvement, et l'être. C'est ce qu'ont dit aussi quelques-uns de vos poètes : De lui nous sommes la race.

Par ces versets ci-dessus, nous pouvons découvrir la liberté de Dieu au profit de tous les humains sans distinction dans le but et l'intérêt de le chercher par leur effort personnel jusqu'à la limite et l'épuisement total de leur propre sagesse, et toujours dans la perspective de leur offrir au temps qu'il a fixé de sa propre autorité le moyen de se réconcilier avec lui, le seul garant de la véritable paix dans leur vie individuelle et collective.

Il sera alors découvert plus tard que la connaissance de l'Evangile reste le seul moyen que l'Eternel Dieu va offrir aux humains de toute la terre pour retrouver la paix dans son âme avec capacité de la manifester envers son voisinage.

La paix sera alors le pilier principal sur lequel l'édifice du mariage devra être posé et si chacun des deux conjoints parvient à faire la paix avec lui-même, le reste du chemin devient plus facile que de l'eau à boire.

Et s'il en est ainsi, comment alors retrouver la véritable paix pour ne pas se mordre plus tard les doigts ?

Romains : 5 V 1, 6, 8, 10 : *Etant donc justifiés par la foi, nous avons la paix avec Dieu par notre Seigneur Jésus Christ...*

Car, lorsque nous étions encore sans force, Christ, au temps marqué, est mort pour des impies.

Mais Dieu prouve son amour envers nous, en ce que, lorsque nous étions encore des pécheurs, Christ est mort pour nous.

Car si, lorsque nous étions ennemis, nous avons été réconciliés avec Dieu par la mort de son Fils, à plus forte raison, étant réconciliés, serons-nous sauvés par sa vie.

Notons ainsi qu'à la seule implication de l'œuvre de la rédemption de Jésus-Christ répond la réussite d'un projet de mariage simplement parce que c'est le mariage spirituel qui porte le charnel.

Et le mariage spirituel consiste désormais à se réconcilier avec Dieu le créateur, avec qui tous les humains par héritage étaient tombés en désaccord et par conséquent avaient perdu le bon sens spirituel à l'égard des réalités de la terre, lesquelles sont gouvernées par le monde spirituel.

Romains : 5 V 12, 18 : *C'est pourquoi, comme par un seul homme le péché est entré dans le monde, et par le péché la mort, et qu'ainsi la mort s'est étendue sur tous les hommes, parce que tous ont péché...*

Ainsi donc, comme par une seule offense la condamnation a atteint tous les hommes, de même par un seul acte de justice la justification qui donne la vie s'étend à tous les hommes.

Ces versets ci-dessus viennent confirmer la nécessité qui s'impose à tout être humain de se mettre à l'abris des différents vents d'opposition qui pourraient à tout moment surgir dans une marche de mariage, lesquels restent spirituels et ne sauraient être renversés et vaincus uniquement sur la base spirituelle et de facto, la connaissance de l'évangile comme le seul et unique moyen divinement approuvé pour offrir à tout croyant la réconciliation avec Dieu.

Il faut souligner que l'intérêt dans la réconciliation de l'homme avec Dieu ne se limite qu'au mariage, mais concerne tous ses domaines d'action et d'activité et le rétablit dans sa position dominante à laquelle il a été prédestiné.

Ainsi se présente la complexité du mariage qui commence par les bonnes et solides bases, lesquelles passent par la réconciliation de tout individu avec Dieu son créateur et échoue à l'évidence d'une réussite totale du mariage au niveau charnel.

Chapitre : 5

Le Mariage à la lumière de la science.

Comme nous l'avions si bien souligné dans les pages précédentes, le mariage constitue un véritable casse-tête pour les humains en sorte qu'ils font usage de toute leur sagesse pour parvenir sans succès à sa fin.

Nos expériences, nos recherches et nos différentes formations nous ont conduit à faire le tour des cabinets et des organisations non-gouvernementales spécialisés dans des questions de familles un peu partout dans le monde, ce qui nous a permis de faire la découverte de nouveaux outils alloués à la quête de réponse à cet idéal que les humains ont vraiment de la peine à entretenir.

A travers donc cet ouvrage, vous avez le privilège de profiter de ces riches études qui avaient coûté de diverses formes d'investissement à ces hommes et femmes qui avaient découvert la joie et le plaisir de s'engager pour apporter leur pierre à cet édifice.

Ces différents travaux ne se reposeront que sur deux aspects essentiels que nous prendrons le soin de vous présenter les résumés.

Il s'agira des causes qui expliquent les difficultés répétées que rencontrent généralement les couples et qui seraient indépendantes de leurs propres volontés.

Cas de la femme. (1ere partie) :

D'après certaines conclusions, la femme, l'une des deux créatures humaines de Dieu, fera preuve d'un usage particulier et spécifique de ses organes entrant dans la gestion des choses qui l'entourent.

Et puisqu'on ne pourra pas parler d'une telle relation sans faire mention de l'amour, il sera constaté que la femme arrive à faire tourner de plein régime les deux cerveaux implantés dans sa tête, ce qui renforce plus sa capacité à gérer facilement plusieurs choses à la fois sans être obligée de s'attacher véritablement à une parmi elles.

La femme arrive à avoir un regard égalitaire sur plusieurs choses à la fois, les tenir et du coup les abandonner toutes.

Il a été constaté qu'elle peut traiter un homme ou un conjoint à égalité avec un objet qui lui semble précieux et très chair, et la raison est qu'elle gère son amour à partir de ses deux cerveaux et sollicite rarement son cœur sur des questions relatives aux sentiments.

Elle exprime un fort sentiment d'attachement, lequel est souvent pris pour amour.

Oui ! En vérité, la femme n'aime pas simplement parce qu'on ne lui a pas donné d'aimer mais plutôt de s'attacher parfois avec véhémence.

Voilà pourquoi il lui serait recommandé sous l'instruction du Saint Eprit de se soumettre à son conjoint.

Dieu qui l'a créé ne va jamais lui demander d'aimer son homme, mais de se soumettre à ce dernier afin de l'empêcher de se sauver facilement de son dessous.

Ephésiens : 5 V 22-24 *: Femmes, soyez soumises à vos maris, comme au Seigneur.*

Car le mari est le chef de la femme, comme Christ est le chef de l'église, qui est son corps, et dont il est le sauveur.

Or, de même que l'église est soumise à Christ, les femmes aussi doivent l'être à leurs maris en toutes choses.

On notera sur ces versets ci-dessus que la femme n'aura pas reçu l'instruction divine d'aimer son mari dans le cadre de la vie conjugale parce qu'elle a été créée dans un esprit neutre et dépendant de l'homme de qui elle a été charnellement tirée.

Les cerveaux étant du domaine de la chair, elle ne pourra que s'appuyer sur eux pour gérer sa vie au quotidien et semble même ne rien devoir à Dieu son créateur qui ne l'avait pas créée à son image et ne partageait pas sa ressemblance pour exiger de lui un quelconque conte rendu.

Et cela était une analogie divine pour designer l'âme, comme nous l'avions suffisamment démontré dans les chapitres précédents.

Et c'est bel et bien ce que transmettait le message de l'apôtre Pierre au travers des versets ci-dessous et au sujet desquels nous avions suffisamment apporté de commentaires.

1 Pierre : 3 V 7 : *Maris, montrez à votre tour de la sagesse dans vos rapports avec vos femmes, comme avec un sexe plus faible ; honorez-les, comme devant aussi hériter avec vous de la grâce de la vie.*

Qu'il en soit ainsi, afin que rien ne vienne faire obstacle à vos prières.

Le mot mari dans ce contexte est utilisé pour désigner l'esprit humain qui avait perdu la vie par la connaissance du péché et avait cassé ainsi son mariage avec Dieu de qui il était appelé à dépendre comme garantie pour la réussite de son mariage à lui avec son âme laquelle dans le monde terrestre est représentée par la femme.

Nous le rappelons en considération de tout le respect que nous devons à la femme qu'elle peut porter le même regard de traitement autant sur un conjoint qu'un quelconque objet qu'elle se serait procuré à coût d'argent.

Elle peut aussi facilement choisir ses enfants au détriment de son mari avec qui elle a eu ces derniers, ce qui sera d'ailleurs les cas les plus récurrents de son expérience de vie de couple.

Cependant, elle n'agit pas ainsi par méchanceté ou par un quelconque orgueil, mais conformément à sa nature, laquelle repose essentiellement sur ses deux cerveaux.

Enfin, elle sera remarquée plus sensuelle que rationnelle ; parfois plus agressive quoique douce et tendre et mérite encore et toujours d'être aimée avec un besoin continuel d'être protégée.

Cas de la femme. (2eme partie) :

La deuxième partie du cas de la femme prendra l'allure de l'anatomie sur le corps humain.

Ainsi, comme l'être humain est divinement composé de trois différentes parties à savoir : l'esprit ; l'âme et le corps en sorte que les deux premières se trouvent à l'intérieur de la troisième qui leur sert de couverture ou d'enveloppe de protection, on notera aussi la présence du cœur et du sang comme les deux éléments essentiels desquels dépend la vie de tout l'organisme humain à l'intérieur du corps.

A cet effet, on notera que l'esprit et l'âme sont respectivement représentés par le cœur et le sang.

Deutéronome : 12 V 23 : *Seulement, garde-toi de manger le sang, car le sang, c'est l'âme ; et tu ne mangeras pas l'âme avec la chair.*

Romains : 2 V 29 : *Mais le juif, c'est celui qui l'est intérieurement ; et la circoncision, c'est celle du cœur, selon l'esprit et non la lettre. La louange de ce juif ne vient pas des hommes, mais de Dieu.*

Galates : 4 V 6 : *Et parce que vous êtes fils, Dieu a envoyé dans vos cœurs l'Esprit de son Fils, lequel crie : Abba ! Père !*

Ainsi, le cœur sera le siège de l'esprit tandis que le sang sera le siège de l'âme, en sorte que le sang sera sous l'autorité et le commandement du cœur qui se chargera de gérer ses allers et retours.

Pour ce qui regarde le fonctionnement de l'organisme, le cœur ne se déplacera jamais malgré ses battements, mais aura en face de lui, le sang qui ne devra jamais s'arrêter et sera chargé de recevoir du cœur pour aller nourrir tout le reste des parties de l'organisme et de lui revenir avec des informations collectées auprès de ses destinataires.

Le sang ne sera jamais stable, et sera lié au cœur par le destin afin de pouvoir réussir sa mission et de continuer lui-même à vivre, conformément au plan directionnel de Dieu qui a créé l'âme (le femme) de manière à dépendre de l'esprit représenté par son conjoint pour être sûr d'être bien entretenue et être à l'abri des potentiels fossoyeurs.

1 Timothée : 2 V 11-14 : *Que la femme écoute l'instruction en silence, avec une entière soumission.*

Je ne permets pas à la femme d'enseigner, ni de prendre de l'autorité sur l'homme ; mais elle doit demeurer dans le silence.

Car Adam a été formé le premier, Eve ensuite ;

Et ce n'est pas Adam qui a été séduit, c'est la femme qui, séduite, s'est rendue coupable de transgression.

Genèse : 3 V 4-6 : *Alors le serpent dit à la femme :*

Vous ne mourrez point ;

Mais Dieu sait que, le jour où vous en mangerai, vos yeux s'ouvriront, et vous serez comme des dieux, connaissant le bien et le mal.

La femme vit que l'arbre était bon à manger et agréable à la vue ; et qu'il était précieux pour ouvrir l'intelligence ; elle prit de son fruit, et en mangea ; elle en donna aussi à son mari, qui était auprès d'elle, et il en mangea.

Ainsi, l'âme sous la figure de la femme sera celle qui a refusé de garder ses oreilles chez elle, dans son foyer et de rester soumise à son mari, en prêtant continuellement attention aux informations qui lui parviennent de l'extérieur jusqu'à tomber sous le charme et les paroles mielleuses de ce séducteur, ce beau parleur et coureur de jupon en la personne du serpent.

Elle va ainsi mettre en péril son foyer et induire en erreur son mari qui a aussi manqué de veiller à ne rien prendre à la légère venant de sa femme, laquelle en réalité était sensée recevoir de lui et non l'inverse selon le plan du Seigneur Dieu, leur créateur.

.Elle va alors pécher en s'alliant avec un étranger et va impliquer son mari dans ce piège de séduction, ce qui va coûter leur divorce d'avec Dieu, parce que sa vie implique directement celle de son conjoint comme le cœur sans le sang n'est d'aucune importance et vice versa.

Et c'est le rapport analogique que faisait l'apôtre Paul à travers les versets dans lesquels il interdisait à la femme de prendre de l'autorité sur l'homme et ne devrait que se plier par soumission à son mari.

La sensibilité de la femme ne lui permet pas d'être suffisamment réceptive à la voix de Dieu à cause du caractère neutre de son esprit, lequel l'oblige à faire plus usage de son âme au moyen de ses deux cerveaux.

Il sera scientifiquement démontré que l'usage en plein régime des deux cerveaux humains empêche son cœur de contribuer suffisamment lorsqu'il s'agit de prendre des décisions et c'est le cas des animaux qui sont en conséquence soumis à leur instinct.

Cette nature exclusivement charnelle lui donne une grande et large accessibilité à la vie d'enfance et pouvait à tout moment manifester des comportements qui n'auront rien de différents à ceux des enfants.

Et ce sera sur ces mots que nous mettons fin à la deuxième partie du cas de la femme.

Cas de l'homme :

Pour ce qui concerne le cas de l'homme, nous croyons avoir donné un large aperçu de ce qu'il faudra retenir en considération de l'étude sur les différents cas relatifs à la femme.

En effet, l'homme sera représenté par le cœur à l'intérieur du corps humain et sera investi de l'autorité de commandeur et d'organiser les mouvements de sa conjointe représentée par le sang qui n'arrêtera de partir du cœur et de lui revenir après avoir accompli la mission pour laquelle il a été envoyé.

Lorsque le sang va quitter le cœur sur instruction de ce dernier que traduisent ses battements, il ira accomplir la mission pour laquelle il a été envoyé, et après quoi retourne sur ses pas vers son mandant à qui il prendra le soin de faire la restitution de tout ce qu'il a ramené de sa mission.

Le sang dans la figure de la femme est lié par l'obligation de conte rendu envers son homme dans la figure du cœur et est ainsi dépendant de ce dernier pour la sécurité et la réussite de leur relation de couple et de tout ce qui les entoure.

L'homme sera représenté par le cœur à l'intérieur du corps humain et aura la considération du chef établi sur la femme représentée par le sang, avec le devoir de la protéger et de prendre soin d'elle.

Son immobilité traduit le maître des lieux autour de qui s'organise le fonctionnement de tout le système.

L'homme sera considéré tel le chef du foyer, mais la femme reste la garantie sur laquelle repose la vie du foyer, lorsqu'elle est prête à fermer ses oreilles aux éventuels beaux parleurs qui sont prêts à la courtiser quoique bien conscients de sa présence dans un foyer.

Elle est appelée à cet effet, à ne rien cacher à son conjoint et ne prendre aucune décision à l'insu de ce dernier comme l'attitude de Eve à l'égard du serpent qui a coûté la vie à leur foyer en ouvrant la porte au péché.

Eve serait retournée vers son mari à titre consultatif avant la prise d'une quelconque décision en réponse au dire du serpent et aurait ainsi préservé la vie à elle-même, et à son marie pour ne pas faire mention de tout le foyer.

Chapitre : 6

les causes de l'échec du Mariage entre l'homme et Dieu.

Ce chapitre va présenter un aspect plus salutaire qu'une simple relation et va sembler sortir un tout petit peu de la ligne du mariage que nous nous sommes tracées à cause de son caractère purement spirituel.

Il faut noter que les causes de l'échec du mariage entre l'homme et Dieu réside en première ligne sur la volonté de Dieu de transmettre à l'homme la connaissance de la loi, laquelle traduit sa personnalité et s'avère importante pour assurer l'équilibre de leur relation.

En effet, Dieu, par amour pour l'homme qu'il a créé à son image et sa ressemblance et à qui il a objectivement donné une forme physique, va placer ce dernier dans un jardin qu'il planta à Eden dans le but de l'éduquer et de l'enseigner sur des choses qu'il devra connaître de lui afin de pouvoir convenablement répondre aux aspirations de son créateur et son chef.

Il sera donc dit :

Amos : 3 V 3 : *Deux hommes marchent-ils ensemble, sans en être convenus ?*

Si cela ne peut être possible en réponse au verset interrogatif ci-dessus, et que cette vérité ne saurait être mise en cause, Dieu va alors se conformer à ce principe qui provient d'ailleurs de lui-même en donnant à l'homme de prendre conscience de la loi.

Cette loi lui sera administrée par mode d'instruction dont la prise avec légèreté va occasionner la chute de l'homme et ouvrira la porte de sa vie à toutes les formes de dérives.

La connaissance de la loi était très importante pour l'homme qui est appelé à assumer par délégation de pouvoir divin la responsabilité de chef sur sa femme Eve, et toute autre chose que Dieu a créée sur la terre et qu'il a placée sous sa garde.

Mais avant de continuer, étudions ensemble ces versets ci-dessous…

Romains : 7 V 7, 9-13 : *Que dirons-nous donc ? La loi est-elle péché ? Loin de là ! Mais je n'ai connu le péché que par la loi. Car je n'aurais pas connu la convoitise, si la loi n'eût dit : Tu ne convoiteras point.*

Pour moi, étant autrefois sans loi, je vivais ; mais quand le commandement vint, le péché reprit vie, et moi je mourus.

Ainsi, le commandement qui conduit à la vie se trouva pour moi conduire à la mort.

Car le péché saisissant l'occasion, me séduisit par le commandement, et par lui me fit mourir.

La loi est donc sainte, et le commandement est saint, juste et bon.

Ce qui est bon a-t-il été pour moi une cause de mort ? Loin de là ! Mais c'est le péché, afin qu'il se manifestât comme péché en me donnant la mort par ce qui est bon, et que, par le commandement, il devint condamnable au plus haut point.

Sur la compréhension de ces versets ci-dessus, il importe de rappeler qu'ausi longtemps que la loi n'était encore donnée à l'homme, celui-ci était tranquille dans le jardin entouré des différents espèces animalières y compris aussi le serpent, mais il n'y avait aucun problème et tout allait bien entre lui et Dieu.

Lucifer, le séparateur était bel et bien aussi dans les environs, avec sa ruse en lui, cependant ne trouvait aucun moyen approprié par lequel il pouvait attaquer l'homme jusqu'au jour où celui-ci prit connaissance de la loi.

Il va alors se lancer pour son crime, en prenant le corps du serpent dès qu'il s'est assuré que l'homme avait fait la connaissance de la loi, puisqu'il n'apportera pas autre chose dans le jardin que de donner à l'homme une autre interprétation de manière à mettre en cause les caractères juste, saint et bon à la loi, laquelle, nous ne le dirons jamais assez informait sur la personnalité du Dieu très saint.

L'aspect de la loi que le diable va utiliser contre l'homme et va plus nous concerner dans cette étude est l'interdit.

Ainsi, la loi qui traduit la personnalité sainte et juste de Dieu sera caractérisée par des ordonnances et des interdits.

On notera ce qui suit :

Genèses : 2 V 16-17 : *L'Eternel Dieu donna cet ordre à l'homme : Tu pourras manger de tous les arbres du jardin ; mais tu ne mangeras pas de l'arbre de la connaissance du bien et du mal, car le jour où tu en mangeras, tu mourras.*

Ce verset ci-dessus est l'expression de la loi de Dieu qui a été mise pour la première fois à la disposition de l'homme comme une simple instruction et qui sera promulguée au temps du prophète Moïse pour s'être rendue officielle et servie à organiser la relation et la marche entre les hommes captifs du péché et Dieu pour les différents jugements à prononcer et les fautes à sanctionner.

Pour ce qui nous concerne, le premier élément de cause du divorce entre l'homme et Dieu, sera la connaissance de la loi, et précisément, l'aspect interdit.

Dieu n'avait pas donné la loi à l'homme pour le piéger encore moins pour lui faire un quelconque mal, puisque celle-ci le représente, et reste indispensable pour assurer la vie à l'homme.

Il la lui avait donc donnée par une bonne disposition de coeur, c'est à dire par amour, et c'est pour cela qu'il va mettre le comble à son amour pour lui, lorsqu'il s'agira de le racheter.

On notera ce qui suit :

Jean : 3 V 16 : *Car Dieu a tant aimé le monde qu'il a donné son Fils unique, afin que quiconque croit en lieu, ne périsse point, mais qu'il ait la vie éternelle.*

Nous soulignons de ce verset le mot tant qui traduit plus de valeur ou de considération dont l'Eternel Dieu va faire usage dans sa manière d'aller au secours de l'homme pour le racheter et est un adverbe de manière.

On ne pourra donc pas tant aimer quelque chose dont on avait préalablement aimée.

Eve alors, va commettre l'erreur de prêter écoute attentive au serpent jusqu'à croire en lui. Elle ne s'arrêtera pas là, mais induira aussi Adam, son mari, et tous les deux iront contre la volonté de Dieu, leur chef au profit de diable.

Ils connaîtront le péché et ce sera la déchéance de la race humaine.

Mais Dieu ne les imputera pas la responsabilité de la faute, et le démontrera plus tard en offrant pour leur salut son Fils unique en signe d'amour et de fidélité dans ses engagements.

L'apôtre Paul, animé par le Saint-Esprit, déclarera qu'il ne commettra pas le péché s'il n'y avait pas la loi. Ainsi c'est sa connaissance de la loi quoique juste, sainte et parfaite qui l'a fait découvrir le péché et connaître la mort.

Et quand nous ramenons cette vérité dans le quotidien des humains, c'est bel et bien l'aspect interdit de la loi qui se formule par le contenu du verset ci-dessous...

Colossiens : 2 V 21 : *Ne prends pas ! Ne goûte pas ! Ne touche pas !*

Et c'est le premier ennemi ou la première cause de l'échec de toute relation au sein des humains et en occurrence au sein des couples.

Il sera constaté à ce sujet que personne ne veut dire à son voisin ; sa voisine ; son conjoint ou sa conjointe ce qu'elle veut ou aime, mais plutôt, ce qu'elle ne veut pas ou n'aime pas sans savoir que c'est l'interdit qui occasionne la faute.

Apprenez donc à dire à vos conjoints ou conjointes, ce que vous aimez entendre ; voir ; toucher ou goûter, plutôt que l'inverse, puisque vous le soumettez ainsi à une épreuve à laquelle il va forcément échouer, non pour cause de manque de vigilance ou de lucidité, mais pour violation de principe divin.

Retournons-nous à l'intégralité du contenu du verset :

Colossiens : 2 V 16-23 *: Que personne donc ne vous juge au sujet du manger ou du boire, ou au sujet d'une fête, d'une nouvelle lune, ou des sabbats :*

C'est l'ombre des choses à venir, mais le corps est en Christ.

Qu'aucun homme, sous une apparence d'humilité et par un culte des anges, ne vous ravisse à son gré le prix de la course, tandis qu'il s'abandonne à ses visions et qu'il est enflé d'un vain

orgueil par ses pensées charnelles,

Sans s'attacher au chef, dont tout le corps, assisté et solidement assemblé par des jointures et des liens, tire l'accroissement que Dieu donne.

Si vous êtes morts avec Christ aux rudiments du monde, pourquoi, comme si vous viviez dans le monde, vous impose-t-on ces préceptes :

Ne prends pas ! Ne goûte pas ! Ne touche pas !

Préceptes qui tous deviennent pernicieux par l'abus, et qui ne sont fondés que sur les ordonnances des hommes ?

Ils ont, à la vérité, une apparence de sagesse, en ce qu'ils indiquent un culte volontaire, de l'humilité et le mépris du corps, mais ils sont sans aucun mérite et contribuent à la satisfaction de la chair.

Dans le contexte précis de ces versets ci-dessus, l'apôtre était en train d'élever la conscience de ceux qui avaient déjà pris par le baptême de la rédemption pour la nouvelle naissance et pour la marche dans une conscience affranchie et libérée de la condamnation, au-dessus des prescriptions de la loi qui avaient occasionné leur chute.

Et cela afin de leur éviter de retomber par leur mauvaise compréhension de ce qui a été fait pour eux, dans le même piège des interdits.

Il profitait pour établir la différence entre les relatons de l'homme avec Dieu basée sur la religion et la relation selon la vérité évangélique.

Il appelait à leur conscience de prudence face à la réalité cultuelle par laquelle ils risquent de se faire séduire, et en principe, devraient s'accrocher à la vérité de Dieu que prône l'évangile et se prémunir des fausses doctrines.

Ainsi, le succès ou la réussite de toute relationnelle entre deux personnes, en occurrence, un couple passe au primo par la capacité de porter à la connaissance ou d'informer son partenaire des choses qu'on aime et par lesquelles on se sent à l'aise et non celles qu'on n'aime pas et qui indisposent, simplement parce que la nature charnelle est imperfectible en sorte que toute éventuelle tentative dans le sens de la perfection, l'expose à la chute et vouer à l'échec.

Il convient de retenir que la cause de l'échec du mariage de l'homme avec Dieu, son créateur ne sera différente de celle des multiples unions de mariage dans le monde pour cause de la mauvaise appréhension et interprétation de la loi de Dieu. Et c'est sur ces mots que nous mettons fin à ce chapitre relatif à la cause de l'échec du mariage entre l'homme et Dieu en même temps au sein des différentes expériences de mariages humains la plus part des cas soldées par le divorce.

Chapitre : 7

Attitude de Dieu à l'égard du Mariage,

Cas de Joseph et Marie.

Comme l'indique déjà le contenu du chapitre, nous allons nous référer aux différents versets relevant de l'histoire de la naissance du seigneur Jésus pour ressortir les aspects impliquant l'approche de Dieu dans la marche relationnelle de ce couple composé de Joseph et Marie, et respectivement : père et mère de l'enfant Jésus.

Luc : 1 V 28-31 : *L'ange entra chez elle, et dit : Je te salue, toi à qui une grâce été faite :*

Le Seigneur est avec toi.

Troublée par cette parole, Marie se demandait ce que pouvait signifier une telle salutation.

L'ange lui dit : Ne crains point, Marie ; car tu as trouvé grâce devant Dieu.

Et voici, tu deviendras enceinte, et tu enfanteras un fils, et tu lui donneras le nom de Jésus.

Mathieu : 1 V 20-21 : *Comme Joseph y pensait, voici, un ange du Seigneur lui apparut en songe, et dit : Joseph, fils de David, ne crains pas de prendre avec toi Marie, ta femme, car l'enfant qu'elle a conçu vient du Saint-Esprit ;*

Elle enfantera un fils, et tu lui donneras le nom de Jésus ; c'est lui qui sauvera son peuple de ses péchés.

Sur ces deux versets ci-dessus, nous pouvons remarquer une démarche responsable par laquelle le Seigneur va veiller à informer respectivement chacun des deux partenaires.

Il ne se contentera pas d'informer l'un par le biais de l'autre ou l'un au détriment de l'autre, par respect pour l'homme quoique bien disposant de telle autorité en tant que leur créateur et leur Dieu, mais enverra par respect pour l'être humain, son ange au-devant de chacun d'eux.

Et ils sont chacun d'eux, ses serviteurs et désormais liés à lui par la responsabilité de participer et de contribuer à la venue sur terre de son Fils unique, pour la cause du péché.

Il faut rappeler que c'est un évènement qui va occuper des mois, voire des années en considération des périodes pré et post natales.

Et Dieu, fidèle à lui-même, marquera toute cette période de sa présence à leurs côtés et ne les laissera pas se conduire par leurs propres conseils.

Cependant, cet évènement sera particulier en sorte que, durant tout ce parcourt, la dame Marie qui va non seulement porter l'enfant dans son sein, et l'allaitera certainement après son accouchement, en tant que mère biologique, ne va recevoir le message de Dieu qu'une seule fois, laquelle sera la visite de l'ange du Seigneur dont elle avait bénéficié pour être informée de l'avènement du fils miraculeux qu'elle aura la charge de porter dans son sein.

Mais contrairement à elle, son conjoint Joseph puisque c'est de lui qu'il s'agit, aura le privilège de faire l'expérience de nouvelles visites de l'ange du Seigneur en dehors de la première qu'il partageait avec Marie, sa conjointe et sa femme.

On notera ainsi ce qui suit :

Mathieu : 2 V 13 ; 19-22 : *Lorsqu'ils furent partis, voici, un ange du Seigneur apparut en songe à Joseph, et dit : Lève-toi, prends le petit enfant et sa mère, fuit en Egypte, et restes-y jusqu'à ce que je te parle ; car Hérode cherchera le petit enfant pour le faire périr.*

Quand Hérode fut mort, voici, un ange du Seigneur apparut en songe à Joseph, en Egypte,

Et dit : Lève-toi, prends le petit enfant et sa mère, et va dans le pays d'Israël, car ceux qui en voulaient à la vie du petit enfant sont morts.

Joseph se leva, prit le petit enfant et sa mère, et alla dans le pays d'Israël.

Mais, ayant appris qu'Archelaüs régnait sur la Judée à la place d'Hérode, son père, il craignit de s'y rendre ; et divinement averti en songe, il se retira dans le territoire de la Galilée.

De ces versets ci-dessus, nous pouvons remarquer qu'à plusieurs d'autres reprises, Dieu, va envoyer ses anges au devant de Joseph pour le prévenir des menaces qui pesaient sur sa famille et les dispositions à prendre pour échapper aux différents plans de l'ennemi.

Et à chaque visite des messagers de Dieu, il sera désormais question d'instruire Joseph sur sa responsabilité à l'endroit, non seulement du petit enfant, mais aussi de Marie sous l'appellation la mère de l'enfant dans une réalité de vie de foyer où l'homme sera considéré comme le chef et prédisposé à cet effet, à recevoir de Dieu.

L'apôtre dira ; Je ne permets pas à la femme de prendre de l'autorité sur l'homme, non pas, par une quelconque haine à l'égard de la gente féminine, mais conformément à ce que Dieu le créateur et l'auteur du mariage a souverainement établi et mis en place afin de garantir la réussite de cette entreprise à laquelle le monde est incontestablement lié.

Dieu sera désormais dans l'homme, c'est à dire avec son esprit, pour qu'il soit en mesure de protéger et conduire sa femme et ses enfants en vue de leur garantir le salut face aux éventuelles menaces du monde de la méchanceté.

Dieu ne demandera pas de compte à la femme pour ce qui concerne la gestion du foyer, mais plutôt à l'homme en tant que premier responsable et chef.

Toutefois, elle peut être jugée par le Seigneur, envers qui, elle a une responsabilité de servante particulièrement en ce qui concerne la garde de l'enfant.

La dame Marie, ne se comportera pas comme son arrière-grand-mère Eve, qui avait manqué de se soumettre à son homme et à son autorité, ce qui avait occasionné le scandale dans leur union, mais s'accrochera à son enfant et se soumettra à son mari, son chef et son seigneur à l'image de sa grande mère Sara pour faciliter la réussite de la mission que Dieu les avait respectivement confiée.

1 Timothée : 2 V 11 - 15 : *Que la femme écoute l'instruction en silence, avec une entière soumission.*

Je ne permet pas à la femme d'enseigner, ni de prendre de l'autorité sur l'homme ; mais elle doit demeurer dans le silence.

Car Adam a été formé le premier, Eve ensuite ;

et ce n'est pas Adam qui a été séduit, c'est la femme qui, séduite, s'est rendue coupable de transgression. Elle sera néanmoins sauvée en devenant mère, si elle persévère avec modestie dans la foi, dans la charité, et dans la sainteté.

1 Pierre : 3 V 6 : *Comme Sara, qui obéissait à Abraham et l'appelait son seigneur. C'est d'elle que vous êtes devenues les filles, en faisant ce qui est bien, sans vous laisser troubler par aucune crainte.*

En considération des versets ci-dessus, nous découvrons le caractère obéissance chez Marie, qui ne s'était même pas une seule fois opposée à son mari par des prétextes ou des raisonnements qui ne seront pas difficiles à rencontrer de nos jours chez la majorité des femmes, un peu à l'image d'Eve qui avait décidé de faire sa propre volonté et avait mis en péril sa propre vie et celle d'Adam, son mari.

Mais celle-ci n'hésitera pas à reconnaître l'autorité du chef de foyer de son mari Joseph, en se pliant à toutes les décisions que ce dernier avait prises, et ne se serait pas cachée derrière le prétexte que Dieu lui aurait aussi parlé au moins une fois déjà pour commencer à contredire son mari et par conséquent ouvrir la porte de son foyer aux conflits.

Considérons aussi ce verset :

Luc : 2 V 48 : *Quand ses parents le virent, ils furent saisis d'étonnement, et sa mère lui dit : Mon enfant, pourquoi as-tu agi de la sorte avec nous ? Voici, ton père et moi, nous te cherchions avec angoisse.*

De ce verset ci-dessus, nous découvrons à nouveau, l'attitude d'épouse exemplaire de la dame Marie qui, en voulant faire de reproche à son fils sur le comportement peu délicat de ce dernier, va procéder par une démarche peu commune aux génitrices en prenant le soin d'honorer son mari devant leur fils par l'expression suivante : (Voici, ton père et moi, nous te cherchions avec angoisse).

Elle pouvait s'affoler à la vue de l'adolescent, en se cachant sous le couvert de son statut de génitrice pour proférer des reproches à son actif sans commencer par attirer la conscience respectueuse de son fils sur son père d'abord, avant elle-même.

Marie reste par cela un modèle, un exemple pour servir à l'éducation de la gente féminine dans le cadre de la gestion du foyer ou la vie conjugale.

La vie de Marie reste après tout une référence et devrait servir de source d'inspiration pour toute femme qui aspire à offrir la meilleure d'elle-même à l'homme qui aura la chance de l'avoir à ses côtés.

Et ce sera sur ces mots que nous mettons un terme à l'attitude de Dieu à l'égard de la vie en couple ou le mariage.

Conclusion :

C'est avec beaucoup de satisfactions que nous refermons cette étude relative aux outils préventifs et essentiels pour la garantir de son mariage, dans l'espoir qu'elle finira par atteindre sa cible.

Nous exprimons par ces mots, notre fierté de pouvoir contribuer à nouveau aux différents efforts que nombre d'acteurs avaient consenti pour apporter un peu d'oxygène dans les couples afin de prévenir et de ramener au besoin le sourire dans les foyers en voie d'éclatement.

A cet effet, nous avons réussi à ramener la conscience humaine sur le fondement du mariage, lequel est spirituel quoique vivant à l'état charnel.

Le monde l'ayant compris, va privilégier le mariage traditionnel ou coutumier en le dédiant aux divinités ou les forces du monde des ténèbres.

Mais pour ce qui nous concerne en tant que croyants au nom du seigneur et sauveur Jésus-Christ, la réconciliation avec Dieu, va s'imposer comme le commencement de toute relation de mariage qui aspire à une réussite.

La réconciliation de chacun des partenaires avec Dieu s'impose comme la condition sine-qua-non pour garantir la réussite de son entreprise de mariage, comme nous l'avions suffisamment démontré à travers les précédentes pages.

Nous avions souligner entre autre que l'une des principales causes de discorde entre deux partenaires en couple, réside dans le fait de ne notifier à son conjoint ou sa conjointe que les choses que l'on n'aime pas, pensant sécuriser la relation, tout en ignorant que c'est une manière de soumettre son partenaire à une vie d'épreuve continuelle dans laquelle il ou elle finira par sortir la tête baissée.

Ainsi, c'est l'interdit qui occasionne la faute, et ne fait pas, amène ou conduire à faire, puisque c'est cet aspect de la loi juste ; bonne et parfaite de Dieu que le serpent va prendre pour réussir à séduire Eve et la conduire à la désobéissance envers Dieu, son créateur.

Ce même principe est en grande partie, la source de discorde et de conflit entre les parents et leurs enfants, qui assistent avec impuissance aux actes répréhensibles de ces derniers qui ne font que se perdurer dans les choses au sujet desquelles ils les profèrent des menaces de sanctions.

L'interdit réveille la conscience de son sujet et active sa curiosité à chercher désormais à découvrir ou comprendre les raisons qui se cachent derrière cet interdit.

Ceci tient lieu de conseil aux parents d'instruire plus les enfants sur ce qu'ils espèrent ou attendent d'eux que ce qu'ils ne souhaitent pas, puisqu'ils sont des êtres libres qui développent leurs sens dans la direction qu'on leur donne.

L'interdit viole la liberté de tout individu et l'excite naturellement à la vengeance.

Et pour finir, il nous plaire de faire remarquer que les enseignements sur l'analogie entre la loi et la foi stipulent que la loi enseigne sur ce qu'on ne doit pas faire, tandis que la foi enseigne sur ce qu'on a la liberté de faire.

Et c'est ce qu'on ne doit pas faire qui a été la cause de la chute de l'homme, pour la connaissance du péché et la mort de l'esprit.

Ainsi, nous bouclons la boucle de notre étude relative à l'essentiel pour une vie de mariage réussie.

A l'Eternel Dieu, la gloire ; l'honneur ; la magnificence pour tout ce qu'il se révèle disponible de rendre l'homme capable d'accomplir sous le soleil. Amen.

Printed by Books on Demand GmbH, Norderstedt / Germany